Renato Batisteli Pinto

Língua de Lá
Língua de Cá

Diferenças e curiosidades entre o português falado no Brasil e o falado em Portugal

1ª Edição

Índice

Introdução

A ideia desse livro surgiu do meu interesse na minha língua materna que desde sempre procurei falar e escrever melhor e mais corretamente. Assim que cá cheguei, este meu interesse aumentou e passei a observar com atenção as diferenças e nuances entre o falar do Brasil e o de Portugal. Dentre os milhares de registos compilados e sistematizados nos dicionários da língua portuguesa, um pequeno conjunto de vocábulos foram popularizando-se lá e cá formando assim aquilo que podemos chamar de língua corrente. Na sua imensa maioria as palavras tanto de um lado quanto do outro são as mesmas. No entanto por razões diversas, alguns dos termos utilizados no Brasil não são utilizados cá e outros de cá não são utilizados lá além do que, a cultura, os costumes e as influências deram origem a palavras e expressões próprias de lado a lado carecendo por isso de serem "traduzidas", as de cá para os de lá e vice-versa. Não sou propriamente versado na língua de Camões, quando muito sou um curioso que por meio de leituras atentas de variadas espécies de livros, jornais etc. logrou alcançar um domínio do idioma que reputo aceitável. O fio condutor deste livro é principalmente as diferenças entre o falar lusitano e o brasileiro do ponto de vista de um paulistano. Com esta simples obra eu não poderia, e sequer teria cabedal, para abranger os falares de outras regiões do Brasil e menos ainda, promover qualquer debate sobre o recente e polémico acordo ortográfico, formalidades gramaticais e criticas de estilos. O intuito é tão somente ilustrar as curiosidades e comparar os termos mais frequentemente utilizados lá e cá. Para além da possível utilidade para uns e outros, restará o divertimento pela surpresa, pelo inusitado. Ainda que o meu português tenha melhorado sensivelmente depois de dezoito anos a viver em Portugal, ele ainda padece de incorreções de ordem vária e de um estilo menos refinado em face do lusitano mais elegante, ainda que este às vezes soe arcaico. Deste modo que este livro possivelmente parecerá muito lusitano para um brasileiro e muito brasileiro para um português logo, ele será escrito num misto dos dois ou seja, em "brasileirês". A fim de torná-lo mais fluído, evitando que se tornasse uma aborrecida lista de palavras de um lado e outro, tentei construir uma narrativa, tanto quanto possível real. A notação que elegi para identificar o equivalente do termo lusitano no Brasil foi grafar este último em itálico, negrito e entre chaves.

As Diferenças Dos Falares

As diferenças mais explícitas observei de imediato, mas com o passar do tempo, que não foi tão lento quanto isso, outras diferenças se foram revelando. Uma das coisas que mais chamava, e às vezes ainda chama a minha atenção, é o embaraço que eu sentia inicialmente no uso de certas palavras. É o caso por exemplo do verbo meter. Cá o meter é o verbo mais usual para indicar o ato de pôr dentro, fazer entrar, introduzir etc. enquanto os brasileiros utilizam o verbo pôr. Então, cá mete-se a chave na fechadura, mete-se o prato no forno, mete-se o objeto no seu sítio [*lugar*], mete-se baixa ou seja, licença médica, mete-se férias e vai por ai fora. O meter, no Brasil é muito comummente empregue para se referir ao ato sexual, no seu sentido mais chulo [*ordinário, grosseiro*]. Portanto, os portugueses devem evitar o seu uso no Brasil já que ele pode suscitar algum desconforto que se torna ainda maior pela enorme capacidade que os brasileiros têm para interpretar os discursos pelo viés da sacanagem. Recordo-me da primeira vez em que empreguei o verbo meter. Trabalhava numa empresa de informática e fui atender um cliente brasileiro recém-chegado ao país e que se preparava para dar inicio a uma empresa. Num determinado momento usei o verbo meter. Ao notar, o que me pareceu, o desconforto do senhor e sua esposa, pedi-lhe desculpas explicando de seguida que o verbo era, e ainda é, utilizado no lugar do pôr, ou colocar ou botar, formas correntes no Brasil, o que não melhorou, pelo menos para mim, o mal-estar. A propósito do constrangimento que certas expressões de outros falares nos possam causar lembro-me de uma publicidade muito fixe [*legal, bacana*] de uma escola de idioma. Na peça, um puto [*jovem*] na fila de um orelhão... peço ao leitor uma pausa Ao longo do livro serão necessárias algumas interrupções para clarificar [*esclarecer, explicar*] certos termos como é aqui o caso do orelhão. Trata-se de um mobiliário urbano de proteção para telefones públicos projetada pela arquiteta e designer brasileira, nascida na China, Chu Ming Silveira, lançada em Abril de 1972 e que se tornou popular em vários países. Nesta e noutras oportunidades bastará ao leitor uma busca na Internet para saber mais a respeito do termo e sua imagem como é aqui o caso.

Sigamos, está então o puto na bicha [*fila*] do telefone público [*orelhão*] em Espanha - o termo telefone público denuncia a minha provecta idade. Telefone público! O que é isso? Perguntarão os mais jovens. - Voltando à peça publicitária, o puto enceta [*inicia, começa*] uma conversa com um senhor e a sua esposa grávida que estão atrás dele. Sem conhecer o idioma espanhol ele vai proferindo termos que nitidamente constrangem o casal de tal forma que, é claro que num exagero da linguagem publicitária, a última cena é o senhor agarrando-o pelo colarinho chegando-lhe a roupa ao pêlo – essa é uma de varias expressões que você encontrará aqui - em jeito de dar-lhe uma tareia [*surra*] encerrando-se a publicidade, como é normal, com a assinatura do anunciante do qual já não me recordo a marca. Para além de apresentar aos brasileiros os termos, expressões e calões [*gírias*] mais comummente utilizados em Portugal e vice-versa, espero com esse livro contribuir para a cultura geral do distinto leitor bem como ajudar a evitar situações constrangedoras como ilustrado acima ainda que as hipóteses de tal ocorrer sejam um pouco mais difíceis tanto lá quanto cá.

O Falar Lusitano E O Falar Brasileiro

Vocês estupraram a língua, disse-me o Caselas, um professor de filosofia que conheci em casa da nossa amiga Sandra Caetano, numa tarde em que preparei uma feijoada à brasileira, em tudo diferente da feijoada portuguesa. Falarei das culinárias mais adiante. Tinha voltado de uma das viagens ao Brasil e trouxera um kit do nosso tradicional prato. A afirmação surgiu na conversa, entre garfos, sobre as nossas diferenças no falar. Expus-lhe as minhas perceções sobre o abandalhamento [*esculachamento*] perpetrado pelos brasileiros contra o vernáculo. Penso que este abandalhamento deriva de um lado da própria degradação do ensino em geral, e em especial do ensino do português, e de outro da apropriação indecorosa de termos e expressões completas do Inglês americano nas suas piores traduções. A nossa conversa levou-nos a uma curiosidade interessante. É que a despeito de o Brasil fazer fronteira com cinco países de língua espanhola - Venezuela, Colômbia, Peru, Bolívia, Argentina, Paraguai e Uruguai - não logramos absorver praticamente nada da língua de Cervantes. Pior ainda. Tínhamos uma grande população de índios falantes do Tupy Guarani e outras línguas que pela sua resistência à aculturação e ao massacre a que foram submetidos não nos permitiu uma absorção mais significativa desses falares que poderiam ter se constituído numa genuína língua brasileira.

ITÁ
(PEDRA)
+
YUBÁ = ITAJUBÁ (MG)
(AMARELO) (OURO)
NHA'EM = ITANHAÉM (SP)
(PRATO) (PRATO DE PEDRA)
KER = ITAQUERA (SP)
(DORMIR) (PEDRA DORMENTE)
BYR = ITABIRA (MG)
(LEVANTAR-SE) (PEDRA LEVANTADA)
POROROK = ITAPOROROCA (PB)
(EXPLODIR) (PEDRA EXPLODIDA)
Y + PU = ITAIPU (PR)
(RIO) (BARULHO) (BARULHO DO RIO DAS PEDRAS)
YA + Y = ITAJAÍ (SC)
(MUITAS) (RIO) (RIO COM MUITAS PEDRAS)
PEB + SYRIK = ITAPECERICA (SP)
(ACHATADO) (ESCORREGAR) (PEDRA ACHATADA ESCORREGADIA)

"Tupi or not tupi, that's the question"

"A frase bem traduz o sentimento de Oswald de Andrade. Os nossos primeiros poetas modernistas demonstraram abertamente o seu sentimento nacionalista. Exacerbado e até xenófobo. E essa aversão não era só a tudo que era estrangeiro mas também à sintaxe lusitana. Era o desejo de valorizar o que é nosso, a nossa língua, a língua falada no Brasil. Por muito tempo, em nossas escolas, os professores ensinavam como "erro" o uso de galicismos. Era proibido falar ou escrever abajur, chofer, detalhe... Éramos obrigados a substituir por quebra-luz, motorista e pormenor. E o tempo provou que estávamos enganados. Hoje, todos nós usamos – sem culpa ou pecado – abajur, chofer e detalhe. Temos até um belíssimo réveillon, na sua forma original. Agora o inimigo são os anglicismos. Palavras e expressões inglesas infestam e poluem a

nossa fala. Temos um festival de beach soccer, play off, delivery, shopping, brainstorming, software, marketing e tantos outros."

(Sérgio Nogueira - Professor de língua portuguesa na UFRGS - Universidade Federal do Rio Grande do Sul)

Ao contrário de lá, onde se pratica aquilo que chamei de apropriação indecorosa, cá a resistência aos estrangeirismos é maior, exceto as expressões francesas: tablier, passarele, ralenti, chaufagge, jantes são termos corriqueiramente empregues do lado de cá.

Continua o professor Sérgio Nogueira...

"A presença de termos estrangeiros no uso diário de uma língua não é crime nem sinal de fraqueza. Ao contrário, é sinal de vitalidade. Só as línguas vivas têm essa capacidade de enriquecimento."

A propósito desta vitalidade, em 2009 a entrada em vigor do acordo ortográfico de 1990 suscitou horas e horas de debates, fez correr muita tinta na imprensa e levou a que o conservadorismo dos portugueses viesse ao de cima [*aflorasse*] de modo bastante acentuado e até mesmo agressivo. Ouvi declarações exaltadas sobre uma contundente influência do Brasil que poderia conspurcar a língua e transforma-la naquilo que chamei de brasileirês. A despeito do medo de certa forma infundado, eu mesmo me perguntei se, com o passar do tempo, o mesmo não se sucederia o português em virtude dos muitos brasileiros que cá viviam. O meu receio acentuou-se com a enxurrada de compatriotas que cá aportaram depois do aparatoso [*espetacular*] desastre que foi o impedimento da presidenta honesta Dilma Roussef e... pausa

A minha amiga Érmila Brito, que gentilmente se prontificou a corrigir esta obra, anotou na sua revisão o seguinte: *"presidente não tem género, diz-se sempre presidente quer seja homem ou mulher"*.

Mal sabe ela que o mesmo correr de tintas e os debates acalorados que cá se passaram por conta do acordo ortográfico repetiu-se por lá por conta do "presidenta". De referir que a própria presidente disse na altura preferir ser chamada de presidenta. Alguns nomearam-na "presidanta" uma mistura de presidente com Anta, um simpático mamífero da família dos tapirídeos, cujo nome é empregue para referir-se às pessoas estúpidas e ineptas. Como a questão da norma culta do vernáculo não está aqui contemplada este debate passa à inutilidade, até porque, o golpe de estado deu-se e ela deixou de ser presidente, presidenta e presidanta.

De volta à enxurrada do pós a eleição daquele que recuso-me a pronunciar o nome. À imagem daquele estupor, ela foi formada, por um enorme contingente de seus eleitores em sua maioria analfabetos funcionais e políticos arrogantes, truculentos, mal educados, ou seja, gente das eras anteriores à civilização. Tive medo pois o mal, o que não presta espraia-se muito mais facilmente do que o bem e o bom. Então, numa tarde solarenga [*ensolarada*] na altura do tal debate sobre o acordo ortográfico, passeávamos por Lisboa eu, a Roberta minha esposa, o nosso querido e precocemente desaparecido amigo Rui e sua amiga Bárbara. Vínhamos à conversa, eu e a Bárbara, exatamente sobre o tal acordo ortográfico. Estávamos a esgrimir os nossos argumentos, ela contra e eu a favor do acordo, quando ali na Praça Camões, mesmo à frente do antigo consulado do Brasil os meus argumentos fê-la perder a paciência e saltar-lhe a tampa [*enfureceu-se*] de tal forma que ela afastou-se abruptamente e partiu despedindo-se com um seco adeus. Mas, de volta ao vernáculo. Embora não tenha dado origem a uma língua brasileira o falar brasileiro é eivado de termos originários do Tupi Guarani, língua de alguns grupos indígenas, e também das línguas africanas dos que lá foram escravizados. Exceto pelos topónimos, condimentos e pratos, os brasileiros não absorveram maiores influências da língua dos verdadeiros brasileiros. Tenho a impressão de que a herança dos escravos foi mais significativa do que a dos índios. Talvez isso se deva também ao fato de os índios não se adequarem bem à escravidão. Segundo a história os portugueses chamavam o gentio de preguiçosos, indolentes e por isso não tiveram uma convivência tão próxima com o branco Europeu e por consequência a aculturação foi menos acentuada.

A permeabilidade dos brasileiros às influências americanas é notável. Será o nosso espírito de vira-latas?

"Complexo de vira-lata" é uma expressão criada pelo dramaturgo e escritor brasileiro Nelson Rodrigues, a qual originalmente se referia ao trauma sofrido pelos brasileiros em 1950, quando a Seleção Brasileira foi derrotada pela Seleção Uruguaia de Futebol na final da Copa do Mundo em pleno Maracanã. O Brasil só teria se recuperado do choque (ao menos no campo futebolístico) em 1958, quando ganhou a Copa do

Mundo pela primeira vez. O fenómeno também é referido como vira-latismo ou viralatismo"

Aos lusitanos cumpre esclarecer que vira-lata é como os brasileiros referem-se aos cães rafeiros

"Para Rodrigues, o fenómeno não se limitava somente ao campo futebolístico: "Por "complexo de vira-lata" entendo eu a inferioridade em que o brasileiro se coloca, voluntariamente, em face do resto do mundo. O brasileiro é um narciso às avessas, que cospe na própria imagem. Eis a verdade: não encontramos pretextos pessoais ou históricos para a autoestima."

Porém, mais do que essa notável permeabilidade é a rapidez com que os de lá criam ou adotam modismos e a rapidez com que deles se desfazem. Dá-me a impressão de que nós brasileiros somos adolescentes apaixonados cuja chama muito rapidamente se apaga. Todos os santos dias aparecem novas modas, uns falares que serão logo substituídos por outros. Parece que vivemos em eterna insatisfação. Por cá esse fenómeno já não acontece ou acontece com muito menos frequência. Em Portugal as coisas parecem ser mais perenes e os modismos menos voláteis. A despeito de estar à porta de muitos mais diferentes falares, o português lusitano mantêm-se mais puro. Alguns estrangeirismos aqui e acolá adornam um falar um tanto rude, menos malemolente que o brasileiro. Em geral os portugueses apreciam o nosso falar. É verdade. É mais "cantado", gracioso, dizem. Lembro do meu amigo Miguel tentar ensinar-me a falar com sotaque lusitano. Eu proferi uma frase a tentar imitar um português - antes de prosseguir, uma curiosidade. Os portugueses têm muito mais facilidade de imitar os brasileiros que o contrário. Trabalhei com um gajo que não só falava o português brasileiro quase na perfeição como fazia isso no meio de uma conversa com uma espantosa facilidade em comutar [*trocar*] entre o sotaque brasileiro e o lusitano. - Voltando ao meu amigo Miguel, dizia-me ele: Renato, tens de ser mais grosso, mais para dentro, mais seco: "drum brum drom brom" fazia ele com a boca para tentar transmitir-me o feitio da pronúncia lusitana. Resultou. Repeti o que dizia, mas agora seguindo o acento transmitido pelos onomatopeicos e ele, exclamou: é isso! Apanhar o sotaque de uma mesma língua falada em outro território não é exatamente fácil, exceto para as crianças. Mal chegam aqui, os miúdos [*crianças*] rapidamente passam a falar à lusitana. Embora Portugal seja muito menor que o Brasil e por todo o território se fale o português, existem algumas diferenças entre as regiões. Algumas são mais subtis outras nem por isso. No extremo da falta de subtileza encontram-se o Mirandês e os habitantes do arquipélago dos Açores. O Mirandês, a segunda língua oficial de Portugal, é falado numa área de aproximadamente 550 km2 no concelho [**município**] de Miranda do Douro por uma população estimada entre 8.000 e 20.000 falantes. Apesar da pequena extensão do território onde é falada e o pequeno número de falantes o Mirandês comporta ainda três variações: central ou normal, setentrional ou raiano, meridional ou sendinês. Nunca estive nessa região mas já ouvi dizer da dificuldade em se perceber [**entender**] o idioma. Se o amigo leitor se interessar pelo assunto pode consultar o dicionário do Mirandês através da URL abaixo.

www.mirandadodouro.com/dicionario

Já o falar no arquipélago dos Açores não é propriamente uma língua oficial, mas sim de um falar difícil de ser percebido, mesmo para os portugueses do continente.

Aos de lá fica a informação de que Portugal é composto pelas porções continental, Ilha da Madeira e o arquipélago dos Açores. A Ilha e o arquipélago, formam a chamada região autónoma.

Trata-se de uma fala ainda mais "grunhida" que a de alguns aldeões do continente. Uma aproximação para os de lá perceberem é como o falar de alguns povoados nos grotões do norte e nordeste do Brasil. A propósito desse modo de falar lembro-me de um LP - sim! eu sou do tempo do long play - acho que foi o primeiro do arquiteto cantor Elomar em cuja capa havia uns escritos tal e qual como lá pelas bandas de sua origem, às margens do rio Gavião, se fala ou falava. Também não posso deixar de citar a obra mais conhecida do ilustre Guimarães Rosa em Grande Sertão Veredas na qual ele exercita com mestria a transcrição e criação de termos e expressões típicas da região dos sertões de Minas Gerais. Seja o caro leitor português ou brasileiro, ambas as obras, a música de Elomar e o livro de Guimarães Rosa valem a pena ser ouvida e lida. De resto, em Portugal as diferenças ficam-se mesmo pelas subtilezas como o jeito cantado do falar alentejano, a troca do "v" pelo "b" da zona de Viseu, o "r" acentuado e acrescido do "e" do povo da Invicta, o outro nome da cidade do Porto: cantare, falare, vibrare e vai por ai fora. No que respeita a audição, o brasileiro em contacto com o português lusitano tem num primeiro momento efetivamente alguma dificuldade em perceber sobretudo a locução daqueles que não articulam claramente as silabas. Nos Açores e Madeira esta dificuldade se acentua. Naturalmente existem termos que nos soam – agora sou eu, o brasileiro, a falar – completamente estranho e mesmo incompreensíveis. Claro que as dificuldades sendo muito pequenas são superadas num curto espaço de tempo. Nas próximas páginas vou vos dar um panorama tão preciso quanto me for possível destas já referidas, nuances. Porém, antes de prosseguir cabe mais uma nota curiosa. Os portugueses em geral parecem ter uma dificuldade em articular o falar com o raciocínio o que para um brasileiro soa completamente estranho uma vez que o nosso falar é, na maioria dos casos, muito mais fluido. Então, é um tal da hãaa, ehhh pelo meio das frases que nos casos mais graves chega a ser irritante. É como eu escrevi aí acima: parece haver um descompasso entre o pensar e o falar. Isso é facilmente notável até mesmo nos jornais televisivos, à parte os profissionais mais preparados como os âncoras de telejornais, apresentadores de programas, atores e atrizes , há este descompasso um pouco por todo o lado.

Expressões Semelhantes

Há uma série de palavras que não sendo de todo diferentes aos ouvidos dos brasileiros soam estranhas e mesmo gramaticalmente erradas. Eis uma pequena amostra: camião para caminhão; registo ao invés de registro; aluguer para aluguel; inclusive para inclusive; loiça para louça; oiça invés de ouça, equipa para equipe, planear para planejar, brocolo para brócolis e a alteração em nomes terminados em ão como Irão, e Amesterdão enquanto os de lá dizem Irã e Amesterdã aos quais junta-se o canadiano para os que de lá chamam canadense.

Futebol e Viaturas

Eu pensava que os brasileiros eram fanáticos por futebol, enganei-me redondamente. Os portugueses são muito mais. Os números, em todas as vertentes, confirmam este meu equívoco. Vamos a eles: fundada em 21/06/1916 a CBF - Confederação Brasileira de Futebol, congrega sensivelmente [*aproximadamente*] setecentos clubes com pelo menos duas ou mais equipas [*equipes, times*] de destaque em cada um dos vinte e seis estados e no DF – Distrito Federal. Contas feitas lá são 0,32 equipas por cem mil habitantes. Já a minha vizinha FPF – Federação Portuguesa de Futebol fundada a 31/03/1914 e instalada na Cidade Do Futebol a uns setecentos metros da minha casa, conta com umas trezentas equipas o que dá nada mais nada menos, que três equipas por cem mil habitantes. Embora bastante maior que os número de lá, este dado não diz muita coisa. Complementemo-los: equipas de destaque, para além é claro da seleção, não passam, com muita boa vontade, de uma meia dúzia com os três grandes SLB – Sport Lisboa Benfica, conhecido simplesmente por Benfica, Sporting e Futebol Clube do Porto a ocupar o topo de todas a listas onde, depois destes três, aparecem uns poucos clubes de media dimensão e uma miríade de equipas das quais pouco se fala. Para tratar deste universo os cinco canais da TV aberta de alcance nacional dedicam largos minutos todos os dias pela manhã, à tarde e à noite as quais juntam-se os canais do Benfica, do Sporting, do Porto e o canal 11 da própria federação. Mas há mais. São três jornais e mais três revistas especializadas. Naturalmente há um repetição exaustiva de temas, debates e opiniões já para não dizer das conversas, muitas das vezes acérrimas que acontecem à porta das tascas [*botecos*] e um pouco por todos os ambientes. Claro que isso significa emprego para muita gente, o que é de fato positivo. Conclusão: No que respeita o futebol os de cá estão muito à frente dos de lá.

Os brasileiros gostam imenso [*muito*] de carros. Já os portugueses, adoram as suas viaturas. Nessa temática há muito a comparar entre uns e outros quer seja no objeto em si quer seja no seu uso, produção, legislação etc. Antes convém assinalar que no Brasil o termo viatura é aplicado apenas aos carros da policia. Sendo Portugal um país europeu e bem mais velho que o Brasil cá as cidades são horizontais em contraposição à verticalidade dos grandes centros urbanos brasileiros. Para além da diferença no eixo de orientação, a arquitetura portuguesa em geral ou pelo menos naqueles edifícios mais antigos, nitidamente não consideraram as viaturas aquando da sua construção. Chama a atenção dos brasileiros mais observadores o fato de os edifícios não possuírem o recuo em relação à calçada, ou seja, a porta de entrada fica mesmo nela. Em alguns sítios [*lugares*] a proximidade com o leito da estrada [*rua*] é tão grande que o morador tem de ter muito cuidado ao sair pela porta para não ser atropelado. Ademais, as garagens só estão disponíveis nas vivendas [*casas*] e nos edifícios mais modernos de modo que as estradas tornam-se estacionamentos, sendo comum ver-se carros topo de gama [*topo de linha*] como Audi, BMW, Mercedes etc. estacionados na rua, coisa verdadeiramente impensável no Brasil. A propósito dos edifícios, contou-me um amigo, que ouviu uma brasileira, acabadinha de chegar ao país, referir-se à altura baixa dos edifícios como algo provinciano. Claro na sua visão um tanto míope de pessoa nascida numa mega metrópole, ela era de São Paulo, não cabia qualquer outra interpretação da origem da horizontalidade que é afinal um traço geral das cidades europeias. Mas de fato há, na minha visão, uma coisa que acontece em Lisboa que me parece sim provinciana, as estradas não têm indicação clara do seu nome. Então, você entra numa extensa avenida como a 5 de Outubro e os placares indicativos do nome da estrada nos trechos intermediários para além de escassos, são de dimensões reduzidas, não mais que uns 60x40, produzidas numa base cor de areia com as letras entalhadas e pintadas a preto. Assentadas normalmente, acima do pé direito do rés-do-chão [*térreo*], quase sempre, sobre uma superfície da mesma cor. Com o tempo a pintura das letras apaga-se tornando quase impossível a sua leitura e dificultando a circulação sobretudo se você está a deslocar-se numa viatura [*carro*] e não conhece a cidade. Isto me parece provinciano. Penso que essa pouca preocupação em tornar a sinalética [*sinalização*] mais eficaz vem dos tempos de antanho quando no radio o locutor informava que o estabelecimento patrocinador do programa situava-se ao lado do talho [*açougue*] do Zé Manel e toda a gente sabia quem era o tal do Zé Manel. Acostumado com a eficácia da comunicação de uma Avenida Paulista, até hoje irrita-me não saber o nome da estrada que estou a percorrer ou que rumo tomar numa bifurcação ou rotunda [*rotatória*]. Fico a pensar no gasto de combustível e na quantidade de poluentes que se evitaria mandar para a atmosfera, caso essas informações estivessem mais e melhor organizadas. Uma outra coisa que me causa impressão, e para a qual nunca soube de qualquer iniciativa de resolução, é a capital do país não dispor de uma rede de semáforos inteligentes. Isto é especialmente notável pelo fato de os condutores, em geral, obedecerem-nos mesmo às horas tardias. Quando eu era condutor do UBER, comentei com um cliente este fato e ele disse-me que a cidade possuía sim um sistema de programação dos semáforos chamado GERTRUDE (Gestão Electrónica de Regulação do Tráfego Rodoviário Urbano Desafiando os Engarrafamentos) mas que os gestores do sistema num determinado momento alteraram a programação para que o tráfego se tornasse mais lento. Segundo ele, um percurso que ele fazia em quinze minutos aumentou para quase o dobro com o argumento de que isso diminuiria a poluição. Acredito nisso por duas experiências próprias. Aqui mesmo em nossa freguesia há um semáforo em frente a estação dos comboios [*tréns*] para se atravessar a Marginal e chegar à praia. Uns quinhentos metros mais adiante, em direção a Cascais, há um segundo semáforo de controlo, não é para travessia, apenas ele torna-se encarnado se o veículo ultrapassar os 60km e a uns 50 metros dele há um outro semáforo noutra rotunda que serve para a inversão de marcha de quem vai em direção a Lisboa. Portanto são três semáforos num troço [**trecho**] de seiscentos metros. Não é que o bendito do semáforo de controlo fica encarnado independente da velocidade que se circule até ele. Fiz questão de experimentar para comprovar. Portanto, ninguém me disse. Trabalhei no Parque das Nações em Lisboa, no extremo norte da cidade e saía do trabalho às três da manhã e deslocava-me ao extremo sul. Apanhava a Alameda dos Oceanos e subia a Avenida Marechal Gomes da Costa em direção ao aeroporto na qual tinha de cruzar dois semáforos, invariavelmente encarnados [**vermelho**]. O primeiro, no cruzamento com a Avenida Infante Dom Henrique o segundo, duas centenas de metros à frente, na alça que dá para Chelas à esquerda e Marvila à direita. Àquelas horas a avenida Marechal Gomes da Costa tem pouquíssimo tráfego. Força do hábito parava nestes semáforos e enquanto esperava pelo verde e sempre me perguntava porque não programavam aqueles semáforos para o amarelo intermitente de modo que se pudesse abrandar [*diminuir*] e cruzar as transversais com um cuidado redobrado. Economizava tempo e combustível. Ok! Eu não pensava apenas nisso. Até porque ambos os semáforos são tão demorados que dava para pensar nisso e até na morte de bezerra. Mas, de volta às viaturas, a disponibilidade de marcas, modelos e opções de motorização e combustíveis são bastantes maiores que as disponíveis no Brasil. Os portugueses têm uma oferta mais diversificada em marcas, modelos e motorizações além do que, os juros e taxas, nada comparáveis com as do Brasil, tornam o acesso a um carro novo muito mais fácil para o cidadão lusitano. As viaturas ligeiras [*carros de passeio*] movidas a gasóleo [*diesel*] e as viaturas elétricas, são novidades para os brasileiros, além da baixa preferência dos condutores locais para os sedã muito comuns no lado de lá, mas poucos por cá onde também predominam as cores escuras ao contrario de lá. O aumento da frota dos veículos elétricos e outras iniciativas relativas ao ambiente como a certificação energética dos edifícios, a geração de energia eólica, solar, a auto produção de energia elétrica, as bicicletas mecânicas e elétrica, as trotinetas [*patinetes*] e carros de uso partilhado derivam do compromisso da UE [*União*

Europeia] adotado em 2004 em reduzir as emissões de carbono em pelo menos 40% com relação ao ano de 1990. Não obstante o incentivo ao uso dos transportes públicos, o número de portugueses que preferem deslocar-se na sua própria viatura é ainda muito grande e o fato de, na generalidade, os edifícios não possuírem estacionamentos, obrigou as autarquias [*prefeituras*] a instalarem parquímetros a fim de regular o uso do espaço publico. Como medida de prevenção da poluição, desde Janeiro de 2015 foram estabelecidas duas zonas em Lisboa nas quais a circulação de viaturas anteriores ao ano de 1996 é interdita entre as sete e as vinte e uma horas. Em Lisboa e no Porto as zonas de estacionamento na via pública estão classificadas pelas cores, nas encarnadas é mais caro, nas amarelas os preços são intermédios e nas zonas verdes mais baratos. Nas zonas residenciais há vagas reservadas aos moradores. Estes pagam um determinado valor por mês pela obtenção de um dístico [*selo*] que lhes permite estacionar o mais próximo possível de suas casas. Essas vagas são intransmissíveis e estão afetas [*associadas*] à viatura e ao morador. Mesmo que estas vagas estejam desocupadas, por exemplo, quando o morador está no trabalho, não se podem ocupar, caso você o faça arrisca-se a uma coima [*multa*] atualmente de sessenta euros. As polícias, GNR – Guarda Nacional Republicana e a PSP – Polícia de Segurança Pública às quais cabem o policiamento do trânsito, são bastantes atuantes na prevenção e na punição mas, falham na educação. Do lado de lá, pelo menos em São Paulo, há as chamadas zonas azuis com critérios de disponibilidade e escala de valores mais ou menos parecidos. Já a atuação da fiscalização, a falta de educação, de civilidade, a agressividade bem como dos arrumadores [*flanelinhas*], que fazem da venda dos talões de zona azul, seu meio de vida faz do lado de lá um campeão imparável da falta de civilidade. Os portugueses continuam a ser dos condutores mais mal-educados da Europa. Estacionar sobre as calçadas, cortar [*virar*] à direita ou à esquerda sem o devido uso da luz de direção [*seta*], conduzir [*dirigir*] sob efeito de álcool, não guardar a distância de segurança do veículo que vai à frente, é o prato do dia, o que faz o pais deter uma das mais altas taxas de sinistralidade no trânsito. Para conduzir, o cidadão, maior de 18 anos, português ou estrangeiro que vive legalmente no território precisa naturalmente de uma carta de condução [*carta de motorista*]. O processo para obtê-la não difere do Brasil. Estuda-se o código da estrada, um livro que contém as informações sobre o assunto, fazem-se as aulas práticas, submetem-se aos exames médicos, e já está. A primeira carta é provisória por um período de três anos. Os cidadãos brasileiros em visita ao país podem conduzir com sua carteira de motorista durante um período de 185 dias e têm 90 dias para substituí-la pela carta de condução portuguesa caso tenham fixado residência. Sendo essa informação válida à data desse livro torna-se obrigatório consultar sempre o IMT – Instituto da Mobilidade e dos Transportes para obter informações atualizadas. Recentemente Portugal adotou o sistema de pontos como balizador para as penalizações. Aquando [*quando*] da obtenção da carta de condução é atribuído ao titular doze pontos os quais vão decrescendo à medida das contraordenações [*infração*] e crimes rodoviários cometidos. Mas toda essa exposição é um bocado maçante [*chata*]. O que tem mais piada [*graça*] ou é mais curioso, são as diferenças entre as locuções relacionadas aos automóveis. Para usar uma expressão bem lusitana: vamos a isto! Um certo dia o Ricardo, um colega de trabalho, chegou ao gabinete [*departamento*] de vendas onde ambos trabalhávamos, com um grande sorriso no rosto e uma ganda [*grande*] pintarola [*estilo*]. Ele acabara de chegar do stand [*concessionária*] onde fora levantar [**buscar, tirar, pegar**] a sua nova viatura [**carro**]. Uma carrinha [**station wagon**] Peugeot a gasóleo. À hora do almoço, já no elevador para nos dirigirmos a um dos três restaurantes nos quais costumávamos almoçar, ao invés de carregar [**apertar**] no botão do rés-do-chão [**térreo**] do elevador ele carregou no menos dois que ia dar ao estacionamento. Anda cá comigo para veres uma coisa, Vês? Disse-me ele a apontar para a viatura. É um espetáculo, ganda [**grande**] máquina não? dizia ele enquanto contornávamos a sua preciosidade. Eu pretendia comprar uma viatura ligeira compacta ou media continuou ele, mas por mais uns quantos euros, não muitos, decidi-me pela carrinha. É melhor para viajar. E depois esta é uma a gasóleo 90CV turbo. Sabes quanto vou gastar para atestar o depósito [**encher o tanque**]? Faz comigo as contas: o gajo faz sensivelmente [**aproximadamente**] cinco litros aos 100km – no Brasil diz-se que o veículo faz X quilómetros por litro e viatura é empregue apenas para os carros da polícia – um litro de gasóleo custa um euro e tal. Fiz as contas e vou gastar paí uns cento e cinquenta paus por mês. Um espetáculo, não? Foi uma boa escolha, não achas? Sim! Foi, aquiesci sem ligar nenhumas às suas contas. Olha para esta pintura, continuou ele, não vi nada de especial, curiosamente ele escolheu uma cor clara contrariando a preferência dos portugueses para as cores escuras. Será que essa preferência pelas cores escuras é para fazer pandã [*combinar*] com o espírito tendente ao pessimismo dos lusitanos? Perguntei-me em pensamento. Escolhi as jantes [*rodas*] de dezoito polegadas. Elas dão um ar mais musculado e de mais estabilidade. Os seus olhos brilhavam. Olha para este conjunto ótico. Eh pá! Isto sim! É que é uma viatura a sério! Sim, respondi a ele com o pensamento no meu velhusco Renault 92 todo amolgado [*amassado*]. Notastes o detalhe das luzes de direção? Notei. Agora só falta mesmo é tu utilizá-las a preceito, porque se há algo que os condutores portugueses ainda não perceberam é que as luzes da direção, têm de ser empregues [*usadas*] para indicar uma intenção e não a ação de cortar à direita ou à esquerda. Ele se borrifou [***não deu atenção***] para o meu comentário, abriu a porta do condutor [*motorista*] e a do pendura [***passageiro, carona***] e convidou-me a entrar. Sentei no confortável banco. O ar sabia [*cheirava*] a plástico, como é natural nas viaturas acabadinhas de sair da fábrica. Com um toque na chave eletrónica uma miríade de luzes acenderam-se e lentamente um ecrã [*monitor*] destacou-se no centro do tablier [*painel*]. Ele carregou no botão start/stop metendo [*pondo*] o motor em marcha. Deu-me ganas [**desejo**] de comprar o pack de acessórios que incluía os bancos em cabedal [**couro**], mas aí já era muita fruta [**esforço**]. Tu não imaginas o que se passou, disse ele subitamente. Saí do stand e vinha por aquela avenida que vai dar a Algés, levantei o carro na Peugeuot ali de... não sei como se chama aquilo, acho que é Miraflores, sabes? Fiz que sim, então vinha por alí quando à frente, depois do quartel dos bombeiros, tas a ver? do nada, um estúpido, vem lançado [**muito veloz**] pela transversal e sem mais ultrapassa o farol encarnado. Eh pá! Carreguei fundo no travão [**pisei fundo no breque**] e por uma unha negra [**por um triz**] não me espetei [**bati**] contra a lateral dele. Apanhei um ganda cagaço [**susto**] já pensastes se abalroo o gajo? Antes de seguirmos para o almoço, em jeito de finalização da apresentação, ele arrematou a conversa com satisfação renovada referindo-se ao tejadilho [**teto**] da viatura. Satisfação relacionada à área envidraçada que ocupava quase a metade do mesmo o que, segundo ele, transmitia uma sensação de estar a conduzir um descapotável [**conversível**]. Seguimos para o restaurante. Como era costume àquela hora apinhado de executivos e empregados dos escritórios. O burburinho das conversas no meio da azafama dos empregados de mesa [**garçon**] e o cheiro vindo da cozinha preparava o espírito para o repasto enquanto aguardávamos pelo vagar de uma mesa. Desde a saída do estacionamento até ali o Ricardo não deixara de falar da sua conquista. Falava de planos, de viagens e por ai fora. Aquilo entrava-me pelo ouvido a cem e saia a duzentos acelerados pela fome até que o Rui, o empregado de mesa do Vontadinhas, nos indicou uma ao canto à esquerda de onde nos encontrávamos. O que vai ser? Eu vou no cozido à portuguesa disse o Ricardo; e para mim, peixinhos da horta. E para beber? Tenho de comemorar, acompanhas-me no tintol [**vinho tinto**]? Sim! Respondi. Então, é o da casa. Meia? Não! Uma. Meia é pouco para nos os dois. Ok! Enquanto ele se refastelava com o enfarta brutos do cozido e eu trincava [**comia**] os peixinhos da horta, assim chamados ao feijão verde [**vagem**] cortados, cerca de oito centímetros, panado [**empanados**] e depois frito o que o deixa parecido com jaquinzinhos, uma espécie de sardinha pequena, daí nome peixinhos da horta, enquanto saboreava o acepipe vinha-me à mente os diversos termos utilizados por cá nas estradas, em viagens. Na estrada primeiro, há que dizer que de forma generalizada as estradas portuguesas são bastante boas. O alcatrão [**asfalto**] está bem conservado. As autoestradas são concessionadas e bem mantidas pelas concessionárias. Dentre as curiosidades várias lembrei-me da norma que nas estradas obriga a circulação pela faixa mais à direita da pista. Se a estrada tiver por exemplo três faixas, a mais à esquerda e a do centro são reservadas exclusivamente para ultrapassagens. Circular por elas é considerada uma infração muito grave e a coima vai dos sessenta aos trezentos euros e a consequente perda de quatro pontos na carteira. Com a perda dos doze pontos a carta é caçada sendo renovada somente após dois anos da anulação do título. Circular pela berma [*acostamento*] é igualmente uma contraordenação grave. Nas estradas, tal como lá, encontram-se naturalmente áreas de serviços e descanso bem como as portagens [*pedágio*]. Nas estradas nacionais em cruzamentos entre ruas dos aglomerados urbanos é comum a existência de rotundas em lugar dos semáforos para ordenação do tráfego. Quem está dentro da rotunda tem a preferência. Gosto desta solução, o tráfego fica mais fluído embora haja zonas, como Odivelas por exemplo, em que elas são tantas que até faz impressão.

A Culinária Portuguesa

Cá o povo come: Prego, pica-pau, piano, rojões, percebes, travesseiros, azevias, tigelada, pataniscas, punhetas serradura, sopa da pedra, lampreia, francesinhas, dióspiro [*caquí*] e sopa de grelos. Para os de lá fica a informação de que francesinhas não são raparigas [*moças*] nascidas em França e para os de cá fica o alerta para no lado de lá, jamais se referirem em público à sopa de grelos, uma vez que, estes são, para os brasileiros, um ponto muito especifico da vagina. Os nomes acima soam tão estranhos para os de lá quanto tacacá, tucupi, angu, escondidinho, acarajé, munguzá, baião de dois, tapioca, moqueca e lobrobo para os de cá. Não me vou ocupar com a explicação da composição e preparado destes alimentos. Uma vez mais deixo a tarefa a São Google. Embora eu tenha dito que o risco de constrangimento no uso de certas palavras era baixo, ele existe. Por isso, tanto lá quanto cá, convém ter alguma atenção com algumas delas. É o caso da acima citada punheta, usado no sentido do o ato masculino de se masturbar e o tal grelo, já explicado. Entre bolas de Berlim, palmiers, chouriços de chocolates, pães-de-deus - espécie de pão doce que leva coco por cima - queijadas etc. encontra-se nas pastelarias um bolo pequenito chamado queque. Certa tarde entro numa pastelaria na baixa de Lisboa ali próximo do teatro D. Maria e da Estação do Rossio para tomar um café e chega uma rapariga brasileira e pede uma queca. O senhor faz um olhar de espanto, dá um sorriso maroto e diz ah sim! Um queque e serve-a. Percebi a cena pois já conhecia e sabia que o termo queca é a forma chula para se referir ao ato sexual equivalente ao trepada, do lado de lá. O espanto e o sorriso de sacana do empregado de balcão ficou ainda mais evidente já que na cabeça do português ainda persiste o estigma de que toda brasileira é puta. Nitidamente a rapariga era recém chegada ao país e Imaginei que algum compatriota também sacana, tenha-lhe dito que nas pastelarias havia um bolinho delicioso chamado queca que ela deveria experimentar. Termos desta natureza não causam constrangimentos a quem os profere, quando muito, deixa a pessoa que os desconhecem com aquele ar de "não percebi". Tal como me aconteceu quando perguntei a um senhor de uma oficina de carpintaria quanto levaria [*custaria*] para ele cortar um pedaço de madeira e ele respondeu-me um broche [*boquete*] ou seja, sexo oral. Só mais tarde é que fui tomar conhecimento do significado. Atenção meus conterrâneos! Nunca digam que vivem de, ou que fazem bicos, pois cá este termo significa o mesmo que broche. Mas, voltemos à culinária.

"A culinária portuguesa é a melhor do mundo"

Disse-me o taxista Senhor Carlos orgulhoso dos pratos lusitanos, numa exagerada e descabida afirmação. Todas as cozinhas de todas as culturas têm seus ex-libris e suas unanimidades. A graça está justamente na diversidade. A experiência gastronómica é das melhores coisas que temos à disposição, aquando das viagens por terras que não conhecemos sejam elas em nosso próprio país ou em outros lados. Aliás, a gastronomia é uma experiência quase incontornável já que alimentar-se é inevitável. Ainda que noutras terras, por comodidade ou receio, procuremos pratos da nossa cultura cujos sabores nos são familiares e nos sabem melhor, ainda assim haverá sempre oportunidades para descobrir os sabores de outras culturas. Além de diversificada a culinária portuguesa é também, em algumas vertentes, bastante saudáveis. É o caso por exemplo da dieta mediterrânica. Eis os princípios básicos desta dieta de acordo com o site nutrimento.pt: 1. Frugalidade e cozinha simples que tem na sua base preparados que protegem os nutrientes, como as sopas, os cozidos, os ensopados e as caldeiradas; 2. Elevado consumo de produtos vegetais em detrimento do consumo de alimentos de origem animal, nomeadamente [*especialmente*] de produtos hortícolas, fruta, pão de qualidade e cereais pouco refinados, leguminosas secas e frescas, frutos secos e oleaginosas; 3. Consumos de produtos vegetais produzidos localmente, frescos e da época; 4. Consumo de azeite como principal fonte de gordura; 5. Consumo moderado de laticínios; 6. Utilização de ervas aromáticas para temperar em detrimento do sal; 7. Consumo frequente de pescado e baixo consumo de carnes vermelhas; 8. Consumo baixo, moderado de vinho – neste quesito eu e a generalidade dos portugueses nos borrifamos para a moderação - 9. Água como principal bebida ao longo do dia; 10. Convívio à volta da mesa.

Relativamente a água, visitar Portugal e não tomar uma Água das Pedras Salgadas, encontrada em praticamente todos os estabelecimentos comerciais de alimentação, das tascas [*botecos*] aos restaurantes mais sofisticados, é como visitar Roma e não ver o Papa. Além do sabor ligeiramente salgado devido à sua origem gasocarbónica e do gás natural, que lha concede um sabor muito especial e agradável, uma água das pedras fresca [*gelada*] com uma fatia de limão é santo remédio para indisposições estomacais, para curar a bebedeira [*ressaca*] ou simplesmente dar cabo [*matar*] da sede. É comum nos bares e restaurantes que não dispõem da bebida oferecer-lhe outra marca, não aceite! Não há cá nada semelhante. Aliás, nem cá nem numa boa parte do mundo. Isto porque a Agua das Pedras Salgadas pertence a uma categoria de águas cuja disponibilidade no mundo é de apenas 0,5%. Apesar disto o preço ao consumidor é o mesmo de qualquer outra água. Mas a água das pedras não se resume a ela própria. Anexo à área do seu engarrafamento há o Parque das Pedras Salgadas, da classe do eco turismo, com uma oferta de hospedagem e serviços fantásticos que incluem campo de golfe, casino, bar, capela, restaurante, casa de chá, spa e alojamentos em unidades chamadas Eco House e Tree Houses muitíssimas originais além de uma "Pedras Experience" exposição do espólio da marca e serviços comuns aos espaços de natureza museológica. Logo, se você dispuser de carcanhol [**bufunfa, grana**] vale a pena dar um salto lá no parque que fica no concelho de Vila Pouca De Aguiar a uns quatrocentos km de Lisboa. Do lado de lá e pela natureza tropical do país também há parques de águas termais com propostas parecidas. Destaque para o mais antigo deles as Thermas Antonio Carlos na cidade mineira de Poço de Caldas. Inaugurada em 1931 o estabelecimento oferece mais de trinta tipos de serviços que vão dos banhos termais a Yoga passando por massagens, tratamento faciais etc.

A despeito de uma boa oferta de alimentos mais saudáveis como o pescado, as frutas, os legumes, os frutos secos e o azeite, o português de forma geral, se alimenta mal para os padrões nutricionais recomendados. O governo e entidades não governamentais têm vindo a desenvolver programas de incentivo à vida ativa e à alimentação saudável sendo o combate à obesidade na camada infantil e jovem da população, um exemplo desse esforço foi a proibição e venda de determinados produtos nas cantinas das escolas o agravamento dos impostos para os produtos com maiores teores de açúcar e sal. Recentemente foi determinado que os pacotes de açúcar disponíveis nos cafés e restaurantes passassem de seis para quatro gramas. A extensa costa, a boa quantidade e qualidade dos vegetais, dos cereais do azeite bem como a pequena extensão territorial formam um conjunto que contribui para que a situação não se degenere gravemente. No entanto há uma serie de alimentos que são verdadeiras bombas. É o caso do cozido à portuguesa que o Ricardo derrotou no dia em que tomou posse da sua viatura. Adoro o verbo derrotou. Eu emprestei-o ao escritor angolano Pepetela em sua obra James Bunda e a Morte do Americano - ele traduz à perfeição o esforço que se comer um Funge sob o sol escaldante de Angola, como fazia frequentemente o agente secreto angolano no Roque Santeiro, um imenso mercado ao ar livre que existia em Luanda, ou uma feijoada brasileira e o cozido a portuguesa debaixo do mesmo sol.

Os Pães e a Doçaria

As pastelarias de cá são mais ou menos as panificadoras e confeitarias de lá. É que lá, desde sempre as padarias diversificaram e não se resumiram ao fabrico [*fabricação*] de pães. Para além dos pães e laticínios elas também servem café, garoto [*café com leite*], sandes [*sanduíches*], pão com manteiga, meia de leite [*pingado*] água e bebidas inclusive alcoólicas. Cá, só muito recentemente com a chegada de duas redes, a Sacolinha e a Padaria Portuguesa, é que elas se aproximaram daquilo que lá já existe desde antanho, embora as de cá sigam não servindo bebidas alcoólicas. No entanto relativamente aos pães os de cá são, na generalidade, mais bem servidos que os de lá. Não só pela variedade mas também pela qualidade. Pão da avó, carcaça, bola, pão de nove e doze cereais, pão de Mafra, pão de cereais ancestrais, pão de deus, pão rústico etc fazem as delicias dos apreciadores. No que respeita o engordanço, tanto lá quanto cá, as guloseimas são variadas e altamente calóricas como devem ser os doces a sério. Quindim, paçoca, olho de sogra, Romeu e Julieta, pamonha, pé-de-moleque e outros, rivalizam com o molotoff, ovos moles, baba de camelo, pastel de feijão, salame de chocolate, pasteis de Tentúgal, travesseiros de Sintra etc. Não me vou prender à descrição destes acepipes, repito a indicação de São Google para o efeito. De referir que cá os doces são produzidos pelas pastelarias enquanto que lá, pastelaria refere-se principalmente ao comummente chamado simplesmente de pastel, que consiste numa massa que é aberta numa espessura não muita fina, cortada em retângulos de mais ou menos quinze por vinte centímetros sobre a qual são depositados, uma pequena quantidade do recheio que pode ser carne picada [*carne moída*] previamente preparada, ou seja, refogada e mais para o seco, ou carne de frango preparada da mesma forma, ou queijo, ovos cozidos, ou fiambre [*presunto*] etc. depois fecha-se a massa e frita-se em óleo bem quente. Cá as pastelarias também produzem pasteis. A diferença é que cá chamam pastéis aquilo que lá é chamado de bolinho. Lá pede-se bolinho de bacalhau e cá pede-se pastel de bacalhau. Portanto cá a pastelaria é mais variada: pastéis de Tentúgal, pastéis de santa clara, pastéis de nata etc. Na doçaria portuguesa abundam os ovos. Minha mãe adotiva, a Dona Henriqueta, utiliza seis deles para fazer o arroz doce. São muitos os exemplares como, os fios de ovos, o pudim de ovos, os ovos moles de Aveiro e por aí vai. Um dos mais populares exemplo são as bolas de Berlim [*sonho*] profusamente recheado de creme de ovos. Aliás, as bolas de Berlim fazem parte daquilo a que chamo de unanimidades as quais me vou deter um pouco mais adiante. A doçaria portuguesa pode ser dividida em três categorias: a produzida pelas pastelarias, a produzida pela industria e a doçaria conventual assim chamada por ter origem nos conventos nos quais freiras e frades os produzem. Em viagem pelo país o turista encontrará os doces conventuais nomeadamente naquelas terras menores. Basta perguntar por eles. Lembro-me da primeira vez que os comi. Fomos a Pombal, mais precisamente numa freguesia [*bairro*] chamada Louriçal, visitar Dona Alice e Seu João, pais da nossa amiga Sandra. Lá encontramos o primo Carlos e a prima Teresa, assim chamados por ela. Corria o mês de Agosto, tempo de férias e também das festas da freguesia. Caminhávamos pelas estradas da zona e ao passarmos pela igreja local, de onde à noite partiria a procissão das velas de Nossa Senhora da Boa Morte, na qual eu quebraria um jejum de décadas de participação em atos religiosos, o primo Carlos deu por uma portinhola num dos lados da igreja e chamou a nossa atenção para aquele que era o sitio por onde as freiras em clausura comercializavam os seus doces. Paramos ali e compramos vários deles que foram devidamente consumidos no meio das animadas conversas à volta de uma mesa farta em casa dos pais da Sandra.

Unanimidades Culinárias

Todas a culturas possuem as suas unanimidades os seus ex-libris. Lá, a despeito das regionalidades, pode-se dizer que o churrasco, a feijoada e o arroz com feijão são desta natureza. Uma curiosidade: cá faz-se o arroz de feijão. A diferença para o arroz com feijão, é que o de cá ambos os ingredientes são preparados no mesmo tacho [*panela*] ou melhor, são cozidos separado e depois misturados para ir à mesa. Há também o arroz de tomate, arroz de cenoura e o arroz de ervilhas. Lá em São Paulo, há uma receita de arroz bastante conhecida dos paulistanos chamada de arroz à grega que leva ervilhas, sultanas [*uva passa*] e outros ingredientes. Aqui cabe uma explicação aos de cá: o Brasil é dividido em estados, cada estado tem uma capital. A capital do estado de São Paulo é a Cidade de São Paulo. Quem nasce na cidade de São Paulo é paulistano enquanto que quem nasce em qualquer outra cidade do estado, é chamado de Paulista.

Bacalhau, Sardinha, Pastéis de Nata, Café, Vinho e Fado

Samba, Churrasco, Cerveja, Futebol e Carnaval

Penso não estar de todo errado com estas unanimidades. Vamos a elas. O bacalhau está para o português como o arroz e feijão para o brasileiro. A Riberalves, empresa portuguesa que se nomeia a maior fábrica de bacalhau do mundo, mais correto seria dizer de processamento – informa que o pescado está presente em mais de noventa por cento dos lares portugueses e o consumo do país atinge os vinte e três por cento da produção mundial. Se não é o próprio peixe a ser consumido no dia-a-dia, será algum dos seus derivados: pastéis de bacalhau, pataniscas, migas [*bacalhau desfiado*] ou uma das ene receitas do famoso pescado. Lembro-me de quando era jovem, já lá vão um bom par de anos, ouvia-se falar do bacalhau do Porto. No meu caso era mesmo só ouvir porque no meu estrato social era impensável o consumo de tal iguaria mesmo na semana santa, nomeadamente na sexta feira santa, como era a tradição de então servir o bacalhau. O que me está na memória é a ideia de que o dito bacalhau do Porto era de uma qualidade superior. Para os leitores de lá, ficam aqui várias correções: não existe bacalhau do Porto até porque não existe bacalhau nas águas do mar de Portugal. O país consome uma quantidade expressiva do peixe que na sua quase totalidade é importado da Noruega. Há uma expressão no Brasil que diz que você nunca vai ver enterro de anão, ex paneleiro [*viado*] e cabeça de bacalhau. Cá não só se vê a cabeça do peixe – o anão e ex viado, já não posso garantir – como também sua cara. Caras de bacalhau são muito boas e super fáceis de preparar: tal como o peixe as caras são salgadas mas não totalmente secas. Tanto é que elas têm de ser conservadas no frio. Passam-se as caras por água para se lhes extrair o excesso de sal e cozinha-se em bastante água. A cozedura é rápida, talvez uns dez, quinze minutos. No final do cozimento deita-se para dentro do tacho os grãos [*grão de bico*] já cozidos, deixa-se o suficiente para o grão aquecer, caso sejam do género que compramos por cá, cozidos e embalados em frascos de vidro. Escorre-se a água, mete-se as caras e o grãos numa travessa grande, deita-se um fio de azeite e já está. Convém acompanhar o prato com um tinto de boa cepa com o cuidado de abri-lo pelo menos uma hora antes, nomeadamente se for um alentejano, que é para o precioso néctar respirar e libertar o seu bouquet. Detalhe: basicamente as caras têm uma pequena quantidade de cartilagem e quase nenhuma carne portanto, para duas pessoas de apetite moderado são necessárias três ou quatro. Mais curiosidades: Na consoada [*ceia de natal*] o bacalhau numa das suas principais receitas, simplesmente cozido acompanhado de batatas também cozidas, ou assado com batatas ao murro ou ainda com grelos e o bolo rei cuja principal característica é ter na sua massa frutas cristalizadas, há também o bolo rainha com frutos secos, para aqueles que não apreciam as frutas cristalizadas. Estas duas iguarias são os pratos principais. Nas grandes superfícies [*super e hipermercados*] o bacalhau é vendido inteiro e cortado na hora da compra em lombos ou postas. A ilustração a seguir é o corte em lombos.

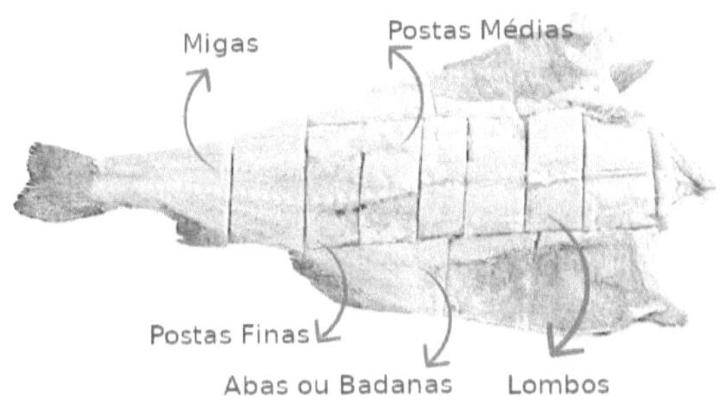

Na forma tradicional a peça é cortada longitudinalmente numa largura de mais ou menos oito centímetros. O problema do corte tradicional é que ao demolhar [*dessalgar*] quando os lombos estão bons de sal as partes mais finas estão absolutamente sem gosto, parece que estamos a mastigar palha. No corte aos lombos podemos demolhar as partes em separado. Aqui me vou permitir dar a receita extremamente simples e de preferência dos portugueses: num tacho mete-se água suficiente para cobrir os lombos, deita-se um fio de azeite, uma folha de louro e uns dois ou três dentes de alho, poucos antes de levantar fervura deita-se para dentro do tacho os lombos devidamente demolhados, cozinha-se por sensivelmente vinte minutos, retiram-se os lombos, juntam-se-lhes batatas inteiras cozidas, deita-se um generoso fio de azeite e já está. Não se esqueça do tinto de boa cepa.

Passemos a uma unanimidade brasileira, o samba.

"*Quem não gosta de samba bom sujeito não é, é ruim da cabeça ou doente dos pés.*"

O verso de Dorival Caymmi não deixa dúvida. A riqueza musical do Brasil é algo sui generis, mas o samba se destaca entre choros, maxixes, xaxados e outros ritmos. Surgido por volta do século 19 o samba tem a sua, digamos assim, oficialização quando em 1916 no Rio de Janeiro é realizada a primeira gravação da música Pelo Telefone na voz de Donga com a participação de Pixinguinha, talvez o maior do expoentes do samba respeitado e venerado por todos os grandes compositores e cantores brasileiros. O samba possui por volta de uma dezena de variações: samba de roda, samba canção, samba enredo – aquele que é cantado nos desfiles de carnaval - partido alto, samba de gafieira – estilo de dança de salão - samba de breque, assim chamado por se caracterizar pelo frequente silenciamento repentino dos instrumentos, enquanto o intérprete declama a letra. Gosto de dizer que o samba de breque é precursor do rap. Se o distinto leitor ouvir Moreira da Silva na música Subida do Morro, o maior expoente do samba de breque, vai perceber o que estou a dizer. Samba é música cuja raiz é o canto dos escravos e até hoje é tido como música de menor valor e música de malandro pela elite mais estúpida do planeta e arredores. Houve época em que foi proibido, como parte da repressão que até hoje submete a população preta de lá. Todo brasileiro que se preza ensaia uns passinhos mal os primeiros acordes de um samba é tocado. Já o Fado é diametralmente oposto ao samba. Trata-se de uma manifestação cultural, que em tudo reflete a cultura e a história do povo português. Recentemente elevado a património imaterial da humanidade, o fado é uma música solene – silêncio que se vai cantar o fado, anuncia-se sempre quando se vai ouvi-lo - muito emotivo e geralmente triste, embora haja fados mais alegres e até mesmo jocosos. Basta procurar na Internet pelo Rouxinol Faduncho para conferir o que estou a dizer. Fado é também sinônimo de destino, de "karma", de peso causados por episódios passados. O que não impediu que a malta [*pessoal*] mais nova de outras paisagens musicais, como a música eletrónica, por exemplo, se apropriasse do género para dar-lhe um outro tempero. Sendo uma expressão absolutamente central na cultura do país, há varias formas de o conhecer. Visitar o Museu do Fado é uma delas. Naturalmente nas loja de discos há sempre uma sessão dedicada ao género. Há casas de Fado com oferta completa, que inclui ao jantar um espetáculo onde se pode ouvir grandes vozes desta música. No entanto o que para mim tem mais piada [*graça*] é mesmo a Tasca do Chico, tem uma no Bairro Alto e outra em Alfama. Trata-se de um sítio onde se ouve o fado vadio, ou seja, interpretado por cantores amadores. Em ambas o espaço é exíguo, as mesas e os bancos são de madeira, o cardápio é muito básico e os músicos ficam mesmo ao pé da gente. Quando eu tinha uns vinte e cinco anos comprei o disco "Tudo Isto É Fado" da fadista chamada Paula Ribas, publicado pelos estúdios Eldorado. Na altura os meus amigos ficaram espantados pois ouvíamos basicamente rock e jazz, mas como no que respeita a música, sou muito eclético gostei do que ouvi. Ainda hoje cantarolo, *ruas da minha cidade veias que meu sangue abraça...*

A Sardinha e o Churrasco

Os de cá, há muito descobriram o churrasco à brasileira. Lisboa, Porto, Algarve e outras localidades já contam com as típicas churrascarias rodízio, nas quais os portugueses desfrutam das delicias carnívoras ao estilo brasileiro, devidamente acompanhadas de caipirinha, outra de nossas unanimidades que os lusitanos adoram. O mesmo não se pode dizer por lá das sardinhas, apreciadíssimas por cá. Lá o seu consumo é bem menor e menos popular. Aqui a captura da sardinha acontece basicamente no inverno e as quantidades são controladas por quotas definidas pela UE. Na época da pesca, por onde quer que se ande, país fora, sente-se o cheiro característico das ricas sardinhas a serem assadas. No entanto, nos Santos Populares, isto é, em Junho, quando se comemora o Santo António, São João e São Pedro, o seu aroma vai às alturas. Nas ruas, becos, escadinhas, associações recreativas, bares, restaurantes e é claro, nas centenas de arraiais que acontecem por todos os lados, por onde quer que ande o aroma nos acompanha. A sardinha tem um papel tão importante na cultura lusitana que um pouco por todo o país, há sardinhadas inclusive gratuitas. De referir que a sardinha era, e de certa forma ainda é, um alimento dos menos abastados. Sou de uma família numerosa e da classe dos menos abastados. Um certo dia, tinha eu oito anos, minha mãe comprou uns dois quilos de sardinha e coube a mim amanhá-las [*limpá-las*] terminei à hora de ir para a escola. Lavei-me com sabonete, com sabão, com vinagre e nada de o cheiro sair. Resultado: faltei à escola com o consentimento da minha mãe é claro. Em Lisboa a sardinha é o símbolo da festa dos santos populares. Todos os anos há um concurso aberto ao mundo, no qual a partir do contorno da sardinha, você desenvolve sua criatividade, envia para a câmara municipal e se ela for uma das escolhidas, irá adornar as peças de promoção da festa. Neste ano de 2020 houve o concurso mas não a promoção já que para tristeza geral não houve a festa. Eis as vencedoras. Confesso que não gostei muito.

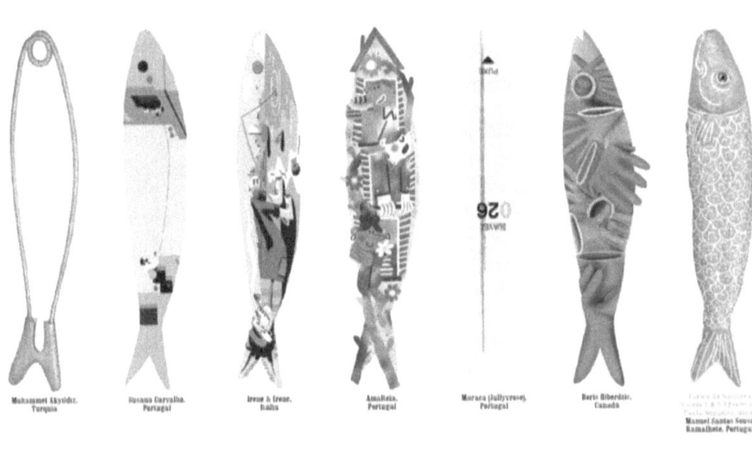

A sardinha à portuguesa é de preparação tão simples quanto o churrasco. É assim: metem-se as sardinhas tal como elas saíram do mar numa forma retangular de alumínio destas de fazer bolo, ou qualquer outro recipiente no qual elas não fiquem muito amontoadas, deita-se por cima delas um bocadão de sal grosso, reserva-se enquanto se acende o carvão. Assim que as brasas estiverem bem vivas, meta as sardinhas sobre a grelha e deixe assar ligeiramente, não podem assar muito pois ficam secas e sem sabor. Quanto mais gordas mais saborosas. Meta as sardinhas assadas num prato e com a ajuda de um grafo ou da ponta de uma faca, há quem prefira as mãos, retire a pele para descobrir o apetitoso filete da carne, retire e meta-o sobre uma fatia de pão rústico, sirva-se de salada de pimentos [*pimentão*] igualmente facílima de se preparar: queime bem a pele dos pimentos na grelha do braseiro, meta-os num alguidar [*bacia*] com agua fria e retire toda a pele e as sementes, rasgue-os em laminas no sentido vertical, junte cebola às rodelas e tomates cortados à sua preferência e tempere com azeite e sal qb, ou seja, quanto baste [*a gosto*] e já está. Sardinhas à portuguesa. Adoro! Pena que esta porcaria de pandemia estragou tudo. Neste ano não tivemos as festas dos santos populares. Não lhes senti o aroma que me faz crescer água à boca, muito menos o seu sabor. Estava ansioso pela oportunidade. Tínhamos marcado com um grupo de amigos uma sardinhada para estes dias, mas o agravamento da pandemia pôs tudo a perder.

Cerveja Futebol e Carnaval

Tanto para os de lá, como para os de cá, o binómio cerveja e futebol é uma unanimidade. A única diferença a assinalar, é que cá a cerveja é um bocado mais "pesada" que lá. Faz sentido, afinal um clima tropical pede bebidas mais leves, daí do lado de lá prevalecer a pilsen. Comprovei o poder de uma Super Bock, uma das duas marcas que dominam o mercado. A outra é a Sagres, patrocinadora da seleção das quinas, como é também chamada a seleção portuguesa de futebol. Antes de falar das bijecas [*brejas*] conto-lhe uma história real e engraçada. Viajamos para o Algarve, extremo sul de Portugal eu, minha cunhada Renata, a Julieta nossa cadela e a Roberta. Estávamos em Faro e resolvemos ir até Sagres, no extremo sul mas bem para oeste. São 120km o que aqui é uma enormidade. A partir de um certo ponto a estrada estreita-se, torna-se um bocado mais deserta e a velocidade máxima cai para o sessenta quilómetros por hora, o que faz aumentar a sensação de nunca mais chegar. Assim que estamos a entrar na vila, vemos um outdoor com uma garrafa da cerveja Sagres à esquerda e à direita a frase... Bem Vindo a Sagres! Pensava que não existia, pois não? Bem conseguida a mensagem.

Voltando à primeira experiência com uma cerveja portuguesa, poucos dias depois de aqui chegar, não me lembro bem o porquê, estava nos jardins do Casino do Estoril e resolvi tomar uma cerveja numa das esplanadas ali no fim da avenida Aida, quase na esquina com a Marginal, na lateral do grande jardim do Casino. Mais um parêntese.

A avenida Marginal N6 – Nacional 6 - que faz a ligação de Lisboa a Cascais (há uma outra ligação pela A5 – Auto estrada 5) é conhecida como Marginal porque o seu percurso todo é feito à Margem do rio Tejo e do Oceano Atlântico. Mas ela é também conhecida como Linha, então é comum a pessoa dizer que mora na linha, tal como há o shopping da linha, os queques da linha, etc. De volta à cerveja, e que o ilustre leitor me perdoe as digressões. Saboreei a Super Bock bem fresca, garrafa de 33ml, quando me levantei, senti logo a diferença. Meu primeiro pensamento..ótimo, com pouco dinheiro posso apanhar uma boa bebedeira. Outra coisa que me lembro daquela tarde é que enquanto bebia, pensava na segurança de cá e de repente escuto uma explosão, por um segundo passou-me pela cabeça que pudesse ser um atentado. Felizmente estava enganado. Foi apenas um rojão.

No que respeita o Carnaval não é preciso dizer qualquer coisa sobre como ele é vivido lá. Portugueses e não só, conhecem bem, tanto a festa quanto o seu efeito na sociedade brasileira. No entanto, cá tenta-se reproduzir um pouco do que é a nossa festa mais popular. Aqui mesmo ao lado da minha casa, há um infantário [*creche*] que todos os anos promove um "desfile", no dia de carnaval a miudagem [*criançada*] vem para escola devidamente mascarada [*fantasiada*] e ao som de marchinhas brasileiras lá vão eles em fila de um lado e outro das ruas, os super heróis, fadas, enfermeiras, bombeiros, zorros, piratas e bruxas, vão pelo quarteirão à volta da escola. Este ano o desfile não foi muito fixe, porque choveu e estragou o divertimento dos petizes.

Os desfiles dos adultos ocorrem em algumas localidades, com destaque para a o Carnaval de Torres Vedras, que evoluiu bastante e que conta com a participação de parte de Escolas de Samba de lá que vêm dar uma força aos foliões de cá. Todos os anos me pergunto como as sambistas nos mesmos trajes que usam lá, ou seja, descascadas [*peladas*] conseguem manter o samba no pé, o sorriso no rosto e a boa disposição debaixo de frio e algumas vezes de chuva. É obra!

Pastéis de Natas Café e Vinho

Praticamente, em todos os comércios de alimentos, encontram-se estas outras três unanimidades de cá. Tanto os pastéis de nata quanto os vinhos e o café já atingiram a fama internacional. Lá costumam referirem-se ao pastel de nata como pastéis de Belém. Se é o caso do prezado leitor, saiba que a iguaria chama-se mesmo pastel de nata e que ela nasceu numa casa que se chama Pastéis de Belém localizada na, pasme, freguesia de Belém em Lisboa. A fábrica ali instalada labora [*trabalha*] desde 1837. Vale totalmente a pena visitá-la. Antes da pandemia a bicha [*fila*] à porta para comprá-los, era imensa e os empregados não tinham mãos a medir [*tinham muito trabalho*] para atender gente vinda de praticamente todas as partes do mundo. Nos tempos atuais já não é assim. Pode-se comprar os pastéis ao balcão. mas o melhor mesmo e aboletar-se numa das mesas das varias salas do estabelecimento, nas quais estão expostos objetos que contam a sua história desde o início. Não deixe de visitar a área industrial da qual saem, ou melhor, saiam, milhares de unidades por dia. A visita obrigatória à fábrica justifica-se mais pela sua história que propriamente pelos pastéis. É que sendo produzido em escala industrial eu tenho a impressão que não se ocuparam de manter a qualidade. Explico o porquê desta afirmação. Nas unidades do Pingo Doce – uma rede de mercados de pequeno e médio porte – que dispõem de cafetaria encontra-se o pastel de nata gourmet, também produzidos aos milhares e muito melhores que os da famosa fábrica e mais baratos. Basta chegar ao balcão e pedir o menu nº1, que consiste de um pastel de nata gourmet e um café expresso pelo singelo valor de 1€. Imbatível!

Aproveito para introduzir o café, outra unanimidade de cá. Além do Brasil já tomei café em França, em Espanha, em Itália e nenhum deles superam o português, pelo menos para mim. O único sitio no qual eu bebi um café equiparado ao servido cá, foi em Curitiba, onde estive num muito mal fadado projeto por longuíssimos nove meses. Fiz amizade com o Ricardo, um redator publicitário, que me apresentou uma excelente cafetaria no mercado municipal da cidade. Felizmente o desastre foi compensado por essa amizade e pelo café. Eu tenho a seguinte teoria para explicar porque cá o café expresso é tão bom. Os portugueses especialmente da Delta Café, são mestres em todo o ciclo da bebida. Eles percorrem o mundo, do Brasil a Timor Leste, passando por Cuba, Índia e o continente africano para escolher os melhores grãos, conhecem muito bem o processo de torra, mistura e moagem, bem como extrair a bebida na temperatura e pressão exatas. Na generalidade sempre se toma um bom café por aqui. Em alguns sítios, não necessariamente os mais finos ou caros, ele é mesmo ótimo. A Delta seguiu os passos da Nespresso e criou o conceito Delta Q nos mesmo , ou seja, lojas especificas para venda das cápsulas e das máquinas de café. A Delta Café foi criada em 1961 por um senhor conhecedor do mercado de café chamado Manuel Rui Azinhais Nabeiro tido como um homem muito humanista e muito estimado pelos seus colaboradores. Tomar café é um habito bastante importante para os portugueses. As refeições costumam ser finalizadas com ele, sendo também um bom motivo para encontrar pessoas, sentar-se numa esplanada, conversar , fumar ou simplesmente se deixar ficar a olhar a paisagem.

Falar com propriedade dos vinhos portugueses exigiria um conhecimento que este escriba nem de longe possui. Portanto vou me limitar a algumas informações, tão verídicas quanto me foi possível conferir e exprimir algumas opiniões. Não falarei dos vinhos de lá uma vez que a tradição, a produção e a qualidade são insignificantes perto dos de cá.

Para começar é bom saber que fundado em 1143 por Dom Afonso Henriques , Portugal é um dos países mais antigos do mundo no entanto as origens da cultura vinícola, embora envolta em muitas dúvidas e mitos, acredita-se que a vinha terá sido cultivada pela primeira vez no vale do Tejo e no Sado, há cerca de 2 000 anos a.C., pelos Tartessos. Saltemos para um tempo mais próximo:

"A Região *Demarcada do Douro (RDD) estende-se ao longo do Rio Douro e seus afluentes numa* extensão *de cerca de 250 000 hectares entre Barqueiros e Barca D'Alva. Esta* região *tem origem na* delimitação *territorial de 1756, data da primeira* demarcação *das 'Vinhas do Alto Douro',* **que definiu mundialmente o primeiro modelo institucional de** organização **de uma** região vinícola. *Originalmente estabelecida para regular a* produção *do vinho fortificado a que chamamos de 'vinho do Porto', hoje a RDD circunscreve a* Denominação *de Origem Controlada dos vinhos do Porto e Douro. "*

Fonte: www.museudodouro.pt/regiao-demarcada-do-douro

A indústria do vinho tem o IVV – Instituto da Vinha e Do Vinho, instituto público integrado na administração indireta do Estado, dotado de autonomia administrativa e financeira e património próprio, seu órgão máximo. O leitor que se interessar pelo assunto encontrará no site da entidade em www.ivv.gov.pt/ um enorme acervo com informações oficiais de todas as naturezas relativas a Portugal e não só. Atualmente as vinhas e a produção de vinhos estão presentes em praticamente todo o território. São quatorze as regiões demarcadas; mais de quatrocentas cepas cultivadas das quais duzentas e vinte autóctones, ou seja, nativas, embora apenas trinta delas responderam por sensivelmente 86% dos seis milhões e quinhentos mil hectolitros (100lts) produzidos em 2019. O vinho verde e o vinho do Porto são produzidos apenas aqui. Portugal é o terceiro país com maior diversidade de castas . Algumas curiosidades vinícolas: a uns escassos metros de uma das cabeceiras de uma das pistas do aeroporto de Lisboa, localiza-se a única vinha urbana do mundo. Ela pode ser vista tanto do avião quando este se aproxima pelo lado da ponte Vinte e Cinco de Abril, quanto quando entramos para a alça de acesso ao aeroporto vindo do lado sul da cidade. Ela está mesmo ali à direita por trás de uma gasolineira [*posto de gasolina*]. Aqui no Conselho de Oeiras , mesmo ao lado da minha casa, foram recuperadas as vinhas que produziam o Vinho de Carcavelos cujo período áureo deu-se no século XIV, graças ao Marques de Pombal, figura de ponta na história de cá. O vinho cujo nome atual é Villa de Oeiras, é dos denominados vinhos generosos [*licoroso*] dos quais fazem parte o vinho do porto e o moscatel. Sua produção é bastante pequena e portanto um bocado caro. Um dos vinhos portugueses mais conhecidos do lado de lá e famoso mundo fora, o Periquita – atenção lusitanos, por lá, periquita é um nome carinhoso que damos à genitália feminina. Embora "carinhoso" não convém usá-lo, senão em conversas exclusivas de marmanjos – o Periquita é o primeiro vinho engarrafado e a mais antiga marca de cá. Produzido pela José Maria da Fonseca a partir da casta Castelão, na Cova da Periquita, a marca tornou-se tão forte que virou sinônimo de casta. Foi-me relativamente fácil substituir a cerveja pelo vinho como bebida do dia a dia. A grande oferta e a qualidade, mesmo dos mais baratuchos bem como as constantes promoções realizadas pelos supermercados, facilitaram bastante a mudança. Das várias regiões os vinhos da Península de Setúbal são os meus preferidos. São mais aveludados e frutados. No verão os verdes da casta Alvarinho, bem fresco são uma verdadeira maravilha principalmente para acompanhar mariscos. O vinho do Porto e o moscatel são vinhos para finalização de refeições e acompanham bem sobremesas. Neste ponto desta mui modesta obra, dou pelo meus parcos conhecimentos do quiçá mais importante produto do país. Ganda falha! Encerro este trecho, não sem antes contar uma historia interessante . Morei por dois anos na Rua Castilho no centro moderno de Lisboa e tinha como vizinho o IVV. Há uma área pública no instituo onde se pode consultar e adquirir publicações e se obter informações sobre o assunto. Numa das minhas visitas meti conversa com a senhora responsável do atendimento e ela contou-me, em tom de preocupação, sobre o acervo de rótulos do instituto que estavam em risco, por armazenamento inadequados. Não só me contou como levou-me a uma sala onde haviam várias caixas de papel cartão [*papelão*], abrimos umas delas e eu me deparei com um autêntico tesouro: centenas de rótulos fabulosos ricamente concebidos, lindos e mesmo extraordinários. Imediatamente me passou pela cabeça que aquele acervo bem organizado e documentado, poderia se transformar numa historia das herdades [*fazendas*], das quintas bem como do próprio país. Percebendo o meu entusiasmo ela sugeriu que eu apresentasse um projeto de organização e catalogação daquele acervo ao diretor do IVV. Preparei o projeto e enviei porém nunca recebi qualquer resposta. Ou seja, ficou tudo em águas de bacalhau [*não deu em nada*] e tampouco dei continuidade ao assunto. Poderia tê-lo feito. Passou-se. Quem sabe ainda volto lá para ver se a situação se mantém.

Dinheiro

Dinheiro guito, carcanhol, papel e massa são alguns dos nomes pelos quais os portugueses se referem ao dinheiro. Quando algo custa muito diz o lusitano que custou uma pipa de massa ou um balúrdio. Morar no Restelo, em Lisboa, ou na Quinta da Marinha em Cascais é só para quem tem muito papel. Contrariamente aos de lá, os portugueses são muito ciosos do seu dinheiro. Cada cêntimo é valorizado e por conta disso é raríssimo encontrar dinheiro pelo chão. Cá nenhum comerciante lhe proporá rebuçados [*balas*] como troco e por consequência dessa mesma valorização, um produto anunciado a 1,99€ custa mesmo esse valor, nem mais nem menos. Lembro-me perfeitamente da satisfação que senti quando num certo dia em que entrei num bar e pedi um café, tomei, paguei e quando me ia embora, o senhor sai detrás do balcão e vem ao meu encontro, por um instante achei que tinha feito algo mal, ele então diz, o seu troco e me entrega três moedas e a fatura [**nota fiscal**]. Enquanto no Brasil se você exige os centavos do troco é olhado com desprezo, fazem ironia e é até tratado com grosseria, aqui o troco, ainda que seja uma minúscula moeda de um cêntimo, você não necessita de o exigir, pois é algo que para o português é absolutamente natural, justo e portanto, expetável [**esperado**] ou como se diz ainda por cá, é dado adquirido, ou seja, é certo que você receberá o seu troco. Nos caixas dos comércios há sempre trocos disponíveis. A esse propósito lembro-me de quando era puto ouvir dizer que os portugueses – em São Paulo havia muitos – eram forretas [**mão-de-vaca, pão duros, sovinas**], quando na verdade eles dão ao dinheiro o seu exato valor. Entendem que cada cêntimo custou o seu trabalho e portanto, não desprezam-no. Minha saudosa mãe dizia que o dinheiro não aceita desaforos. Os portugueses sabem-no muito bem, já os brasileiros são mestres em fazê-lo. Tenho para mim, que aí reside boa parte de nossa indigência social. É sinal de civilidade quando você dá uma nota de dez euros, para pagar um café de sessenta e cinco cêntimos e o balconista não o olha torto. Quando muito, ele lhe perguntará se você não tem uma nota mais pequena. Já na indigência brasileira, o sujeito achará que você está apenas a tentar arranjar troco para o estacionamento ou qualquer outra hipótese a qual ele tratará como afronta o que poderá levá-lo a ser bastante agressivo. Portanto, caro leitor lusitano, em viagem ao Brasil, por precaução, tente sempre pagar com a menor nota possível para não correr o risco.

Expressões Linguísticas

<u>Desampara-me a loja</u>

Trata-se de uma expressão dirigida àquela pessoa que mesmo vendo-te ocupado não dá-te sossego: eu com tanta coisa para fazer e tu não me desamparas a loja pá! Do lado de lá diriam simplesmente: [***porra meu, eu com tanto o que fazer e você não dá um tempo. Dá licença!***]

<u>Por uma unha negra</u> [***por um triz***]

<u>Fazer trinta por uma linha</u>

Diz-se daquele que inventa mil e uma explicações para justificar conseguir algo. Ele fez trinta por uma linha até conseguir convencê-lo.

Dar o litro [*dar o sangue*]

Não ter mãos a medir [*super ocupado*]
Os bombeiros não tiveram mãos a medir até que fogo fosse debelado, ou seja, estiveram ocupadíssimos com o incêndio.

Dar o nó e Copo d'água

O Joaquim vai dar o nó [*casar-se*] no sábado e o copo d'água [*festa de casamento*] será numa quinta [*chácara*] perto de Sintra.

Sacudir a água do capote

Diz-se daquele que está aparentemente próximo ou ligado a algum fato menos bom e ao ser arguido faz de conta que não é com ele.

Baldar-se

Recusar, não comparecer, não assumir compromisso ou obrigação

Sobre o joelho

Diz-se de algo feito com desleixo [*nas coxas*]

Não ganhou para o susto [*cagou de medo*]

Minha alma foi ao chão [*fiquei bege*] fiquei estupefacto

Muitos anos a virar frangos [*muitos anos de praia*]

Lá Em Casa

E lá em casa, como vai tudo? Perguntou-me o Miguel depois de meses que não nos víamos. De referir que casa pode ser mesmo casa, caso você viva numa vivenda [*casa*] ou apartamento. Logo quando os de cá dizem comprei uma casa significa que ele comprou um apartamento. Gosto imenso do hábito que os portugueses têm, ou melhor, tinham de dar nome às suas vivendas. Disse tinham, porque nas novas construções isto não acontece. Cá as casas têm bastantes diferenças das de lá. Uma das primeiras que descobrimos foi quando nos mudamos para a nossa primeira casa. A Roberta resolveu dar um boa limpeza e mandou um balde de água para o chão da casa de banho [*banheiro*] e a água não escorria para canto algum, até que ela se deu conta da inexistência de um ralo, como é comum nas casas de lá. Agora que escrevo esta informação é que me dou conta de que nunca vi rodos a venda, o que se utiliza aqui é esfregona, e o leitor lusitano se calhar nem sabe o que significa. Outra curiosidade, é a ausência de caixas d'água tanto em vivendas quanto em prédios. Nos apetrechos que compõem o recheio das casas há bastantes diferenças de nomenclatura: trem de cozinha [*jogo de panelas*] tacho [*panela*], frigorífico [*geladeira*], arca frigorífica [*congelador*], candeeiro [*luminária*] sanita [*vaso sanitário*], autoclismo [*descarga*], duche [*chuveiro*], dentífrico [*pasta dente*] Lixívia [*água sanitária*] guarda fatos [*guarda roupa*]. Há muitos mais exemplos mas continuar a listá-los pode maçar [*aborrecer*] o caro leitor, mas cabe citar que o *fato* de o gajo estar de *fato* não faz dele uma pessoa melhor. Confuso? Sim! É que o leitor atento percebeu o termo guarda fatos aí encima. Pois então, há o fato no sentido de acontecimento, anteriormente ao acordo ortográfico grafado facto, e há o fato no sentido de vestimenta. Então cá se diz fato para o que os de lá chamam de terno, com o seguinte detalhe: o fato é composto por calça, casaco e colete ou apenas calça e casaco [*paletó*], é também fato a indumentária feminina formado por saia e casaco, geralmente do mesmo tecido. Há ainda o fato macaco [*macacão*] o fato de banho [*maiot, biquini, sunga, calção*] e o fato de treino [*uniforme de treino*]. De fato a inutilidade do "c" já se estabelecia automaticamente pelo contexto, ou seja, o fato nunca seria confundido com fato. Quanto ao que lá é chamado de uniforme aqui é tratado por fardamento. Então, a miudagem tem de comparecer à escola devidamente fardada bem como certos tipos de trabalhadores devem vestir o fardamento para trabalhar.

O Tu

Cá o pronome de tratamento mais comum é o tu. No entanto o seu uso pressupõe alguma proximidade com o interlocutor. Antes de utilizá-lo convém perguntar a ele se o pode tratar por tu. Aos de lá fica o alerta: nunca dirija-se a uma autoridade, a uma pessoa mais velha, a um funcionário público ou privado por tu e menos por você. Para evitar constrangimentos empregue o senhor ou senhora. É também bastante aceite tratar a pessoa pelo seu próprio nome caso você o saiba. Exemplo: então o Renato é brasileiro de que estado? O Francisco pode ajudar-me com isto? Quando o Caselas disse-me que os brasileiros abandalharam a língua, eu logo pensei no uso do tu por lá. Raros são aqueles que fazem a concordância verbal que o tu exige. É um tal de tu põe, tu faz, tu pega e vai por aí fora. Já para não dizer da mistura do tu e do você no mesmo discurso. O gajo [*sujeito*] começa com a frase com você, pelo meio mete um tu e volta para o você, sem a menor cerimónia. Tempos atrás ouvi uma professora a fazer uma análise política e a senhora, em nenhum momento do seu largo arrazoado, dirigindo-se aos ouvintes na segunda pessoa, efetuou uma única e mísera concordância. Que uma pessoa simples, de pouca literacia [*pouca alfabetização*] não faça a conjugação correta é compreensível e mesmo tolerável. Mas, uma professora! É imperdoável e dolorido. Fiquei de tal forma incomodado que não consegui concentrar-me na sua análise. Portanto, a comunicação ficou comprometida.

O Gerúndio

No Brasil o gerúndio é caso para uma investigação científica. Já me explico. Antes é preciso dizer que cá, à parte a zona do Alentejo onde ele é empregue mais amiúde no restante do país o seu uso é muito raro. Então, cá se diz: a comer, a passar, a fazer, a dormir etc. Lá o gerundio é forma corrente. Comendo, fazendo, dormindo, escrevendo etc. Nada de mal nem de gramaticalmente errado. Quando muito o seu uso deixa o estilo menos elegante, vamos assim dizer. No entanto lá deu-se o seguinte fenómeno, a teoria não é minha, aquando da popularização do telemarketing em terras do Tio Sam, o Brasil, caudatário do "irmão" do norte – nesta seara o atual (des)governo sequer é original – adotou aquela prática comercial. O que aconteceu foi a tradução ipsis litteris dos manuais de telemarketing vindos dos EUA sem qualquer revisão ou perpetrada por tradutores não qualificados . No inglês as frases indicativas de ações continuadas compõem-se com o verbo will be, exemplo: I will be seeing o que resulta em "eu estarei vendo" . Como o telemarketing emprega milhares de pessoas, um enorme contingente da população foi treinada no uso desta estapafúrdia composição. Quando lá, nós nos dirigimos a um serviço de apoio ao cliente é um tal de vou estar vendo a sua situação para estar respondendo. O senhor(a) pode estar aguardando um minuto? E outras falas da mesma natureza. A situação tornou-se de tal forma grave que um governador decretou a proibição do uso do gerúndio nas repartições públicas do estado. Eu próprio fui testemunha de um estupro desta natureza. Em 2010 eu estava no Instituto Do Câncer – cá se diz cancro – em São Paulo onde eu passei com a minha mãe os seus últimos dias. A enfermaria abrigava dois pacientes e tinha duas poltronas, uma para cada um dos respetivos acompanhantes. Num daqueles dias estava eu sentado no cadeirão, minha mãe já dormia sob o efeito da morfina, quando chega o marido da senhora que ocupava a outra cama. Ao saber de uma possível alta da sua esposa, o senhor dispara a seguinte saraivada: ***"você precisa estar vendo com o seu médico se ele vai estar te dando alta no sábado que é para mim estar passando por aqui para estar te levando para casa."*** Ainda hoje ao lembro-me dessa agressão sinto-me ferido de morte e reproduzo, cá dentro, no silêncio da minha cabeça, o berro que emiti naquele momento: socooooorroooooo! O leitor lusitano concordará comigo. O mais curioso e triste é que muitas das pessoas, como o marido da senhora, têm nesta autêntica agressão ao vernáculo, algo fino que denota cultura, afinal "eu falo como os americanos" pensam eles. Não sou grande conhecedor das normas cultas da língua mas "de ouvido" consigo perceber que cá existe um maior rigor no que respeita a norma culta, e como já referi, o estilo é mais elegante em contraposição ao ordinarismo do falar corrente do Brasil. Desde há muito tempo que aprecio tanto o falar do português quanto o seu modo de estar na vida. Nomeadamente a frontalidade. Gosto imenso de certas construções como, por exemplo, o uso do "próprio" para se referir a si mesmo: Estou a falar com o Manuel? Sim é o próprio. Responde o Manuel. O próprio é também utilizado no sentido de proprietário comummente utilizado em anúncios de venda: vendo, tratar com o próprio" diz o papel afixado no vidro da viatura. Numa versão mais simplificada, apenas o número do telefone acompanhado da expressão "tratar com o próprio". Gosto também do "pronto a", exemplos: pronto a vestir, derivado do francês pret-a-porter, pronto a comer, pronto a habitar, pronto a isso, pronto àquilo. Fico a pensar num empreendedor brasileiro a usar esta forma para promover a abertura de um motel, pronto a...mas isso já é outra história. Há muitas mais expressões, frases, modos e características de ambas as sociedades sobre as quais eu poderia falar. Mas, para o propósito da primeira edição desta despretensiosa obra acho que chega. No entanto não poderia concluir sem abordar alguns termos populares e alguma gíria. Tal como no lado de lá aqui também se produz música de qualidade duvidosa, a chamada música pimba [*cafona, brega*]. Nos finais de semana os canais da TV aberta, incluindo a TV pública, apresentam o que chamo de caça niqueis, que afinal não são tão niqueis quanto isso. Com o pretexto de valorizar as culturas nacionais, armam seus estaminés [*terreiros/barracos*] país fora para mostrar as belezas, o artesanato e as tradições das terras e toca a insistir para que o espetador ligue ao 700 qualquer coisa, um número telefónico, para concorrer ao sorteio de um carro e de prémios em vales compra tudo isto com muita música pimba à mistura. De dizer que a música pimba tem no cantor Quim Barreiros uma unanimidade. Recomendo ao leitor a sua audição. Sou obrigado a estender-me um pouco mais para falar destes programas. No início o formato era exatamente o mesmo mas sem o sorteio e apresentados apenas no verão até que um dia um dos canais lançou o tal sorteio. Foi tanto o sucesso, não do programa em si mas do sorteio que o programa continuou a ser emitido debaixo do sol do verão, da chuva do outono e do frio do inverno. Quase que imediatamente os demais canais fizeram fizeram o mesmo, lançaram seus sorteios com pequenas variações mas mantendo o formato. Então, aos fins de semanas o espetador é bombardeado pela ilusão de um carro novo e pipas de massa.

Rabo, Engate, Durex, Gira e Ganza

A palavra rabo e engate soam muito mal do lado de lá, mas cá são empregues naturalmente. Aplica-se B-pantene para proteger o rabo do bebé, a malta [*turma*] abana o rabo nas danceterias ou mexem o rabo nos ginásios [*academia*] para ganhar ou manter a forma. A mesma malta que abana o rabo no ginásio sai à noite para o engate. Nem sei como traduzir esta expressão mas, a despeito do tempo que cá vivo, ainda me soa muito má. Uma aproximação seria a paquera ou o "ficar". Portanto os de lá *ficam* ou *paqueram* – desconfio que paquerar só é utilizado por quem já vai mais adiantados na vida como eu – os de cá engatam. Enquanto os de lá saem à noite para a *balada* os de cá saem para o engate. O engate pode começar com um piropo [*cantada*] mas convém que tenha graça ou inteligência para que ele aconteça. Tens é de, pôr-te a pau [*prestar atenção*] e não te enfrascares [*encher a cara*] para não transformar uma noite que poderia ser bué [*muito*] fixe [*legal*] num pesadelo. No geral as raparigas e as senhoras, grossas [*boazudas*] ou não, repudiam homens grossos [*bebados*]. Cabe aqui uma chamada de atenção. As baladas e saídas para o engate podem acabar em sexo. Os de cá protegem-se com Durex, uma marca de preservativo que virou sinônimo do produto. Já no lado de lá o Durex é uma marca que virou sinônimo de fita-cola [*fita adesiva*]. Portanto, brasileiros, cuidadinho para não perguntar pelo durex fora do contexto sexual. Embora os padrões físico bem como o culto do corpo sejam bastantes diferentes entre ambos os povos, há portugueses e portuguesas giros [*bonitos*] que o digam a atriz Daniela Ruha e o ator Diogo Morgado. Se eventualmente a noite estiver uma ganda seca [*um porre*] tu podes sempre dar umas valentes passas [*dar uns tapas*] num bom charro [*baseado*] e curtir a moka [*barato*]. Cá o mais comum é o haxixe enquanto lá, será quase sempre marijuana ou como cá se diz, erva.

E com este fumo [*fumaça*] de cultura europeia e tropical despeço-me do distinto leitor na expetativa de que esta minha aventura lhe tenha proporcionado algum prazer e serventia.

Um xi-coração [***beijo no coração***] e adeusinho.

Ah sim! Cá é também costume despedir-se com um beijinho grande. Então, beijinho grande e não se esqueça de enviar-me suas criticas, sugestões, e porque não, elogios.

Renato Batisteli Pinto

Nasci em 12 de Novembro de 1956 no Jardim São Luis zona sul da cidade de São Paulo no Brasil, onde vivi até os 46 anos. Sou fluente em francês, estudei na na Aliança Francesa, licenciei-me em marketing pela Escola Superior de Propaganda e Marketing. Vivi em Campinas também no estado de São Paulo, onde me casei pela terceira vez. Tenho dois filhos e sete netos. Em 2002 mudei-me para Portugal na expetativa de ficar por aqui uns cinco anos mas a adaptação foi tanta que já lá se vão dezoito. Procuro olhar para a vida pelo prisma positivo e gosto de pensar no coletivo pelo seu poder modificador face ao individualismo. Tenho paz de espírito e sinto-me feliz com a minha história.

Contato: *renatobatisteli@gmail.com*

Os personagens e eventos retratados neste livro são fictícios. Qualquer semelhança com pessoas reais, vivas ou mortas, é mera coincidência e não foi pretendida pelo autor. Nenhuma parte deste livro pode ser reproduzida ou armazenada em um sistema de recuperação ou transmitida de qualquer forma ou por qualquer meio, eletrónico, mecânico, fotocópia, gravação ou outro, sem a permissão expressa por escrito do editor.